Spuren von Umbra

Ursula Lüthe

Spuren von Umbra

Gedichte

Bibliografische Information der Deutschen Nationalbibliothek
Die Deutsche Nationalbibliothek verzeichnet diese Publikation in der Deutschen
Nationalbibliografie; detaillierte bibliografische Daten sind im Internet über
http://dnb.d-nb.de abrufbar.

© 2006 Ursula Lüthe
Umschlagfoto: Jutta Florian
Satz, Umschlagdesign, Herstellung und Verlag:
Books on Demand GmbH, Norderstedt
ISBN 10: 3-8334-6155-1
ISBN 13: 978-3-8334-6155-2

Inhalt

Im Geklirr der Farben 127

Schwerelos 147

Wasserzeichen 157

Im Labyrinth der Kindheit

Im Labyrinth der Kindheit

Alle Pfade führen
ins Dickicht
der Sprache

sie beschreibt
und verschleiert
die Welt

in jedem Satz
wohnt eine Frage

Baum
Vogel
Fluss
tragen Namen
wie Rätsel

im Labyrinth
der Kindheit
spielen die Wörter
Versteck

Erinnerung

Eine Collage
aus Namen
Orten
Gesichtern

Bruchteilen von Tagen

Stimmen
Klängen

da und dort ein Vers
ein Reim
eine zerbrochene Melodie

Mondnächte
Nebeltage
ein frostiger Morgen

auf dem Grund
der Vergangenheit
finden sich Gewissheiten
und Legenden

Seligkeiten
Traurigkeiten

Fetzen von Zorn
schwarz umrandet

Glücksmomente

und immer wieder
Fragezeichen

Alter Bettler

An der Pumpe
der Alte
hatte in sein Gesicht
eine Landschaft geschrieben

Straßen
Pfade
Wegkreuzungen

die Namen von Dörfern
Weilern

sein Stock tastete
nach dem Ende des Tages

in der langen Reihe
wunderlicher Gesellen
die auf dem Hof
vor der Küche
die Würde ihres Standes
selbstbewusst vertraten
stand er
wortlos
wartend

Jüppken

Jüppken
zwergwüchsig
trug schwer
an seinen Lasten

von Haus zu Haus
schleppte er

seinen Kopf
seine Ziehharmonika
und sein Repertoire
von fünf Liedern oder zehn

in Hamburg
sind die Nächte lang
und wenn bei Capri
die rote Sonne
im Meer versinkt
hielten ihn am Leben

Altes Schwarzweißfoto

Am Scheibenwischer
des buckligen Fords
klebt Laub

Tränen aus trüben Himmeln
rinnen über das Glas

tasten zögernd
nach der Seele des Herbstes

entblößt seiner Farben
zeigt er
seine Tristesse
unverhüllt

Dunkelkammer

Schatten säumen
spärliches Licht

die Luft schmeckt sauer

Hände
pinzettenbewehrt
ziehen Blätter
durch rote Wellen

beschwören fächelnd
das Papier
worin die Bilder
noch schlafen

Konturen dämmern
schwimmen heran

Schatten klären sich zu Formen

bis feuchtglänzend
die Treppen am Ufer der Seine
hervortreten
und sich Stufe um Stufe
schwarzweißgrau
einem blassen Himmel nähern

auf den einen Moment
der Vollkommenheit
lauern die Augen
gebannt

Wanderungen mit meiner Großmutter

I

Wanderung unter Bäumen

in der Wagenspur
trockener Feldwege

durch Bruch und Wald

immer begleitet
von den leichten Schritten
der Toten

den Stimmen im Korn

den Gesängen der Bäume
über den Schützengräben
die den Wald durchzogen
wie ein Schmerz

am Rain blutete der Mohn

wir schmückten damit
das Kreuz des Schmugglers
sein durchschossenes Herz

II

In den Wiesen der Bunker
umweht von Gras

nirgends standen
die Margeriten dichter

magischer Ort

beschrieben
durch unverständliche Wörter
Westwall
Front
Beschuss

wie die Ruinen der Häuser
die Bombentrichter
lag er hinter
den Schleiern der Sprache

komm Kind
lass die Margeriten
komm Kind
komm

vom Bunker bis zum Fluss
ihr dunkles Geflüster
von Gefallenen
Vermissten
Verschollenen

von Fremden
die man durch die Straßen trieb
auf dem Weg zu den Kohlegruben

über allem der Sommer
der süße Sommer

er bettete
ihre Klage
in wehendes Gras

dicht standen die Margeriten

III

Der Kuckuck rief im Bruch

in rostigen Gewässern
rührten sich Schattenwesen

tückisches Wasser
im kreisrunden Teich
verschlang Stöcke und Zweige

unter schmieriger Haut
verbarg es
die versunkene Kapelle

ängstlich das Licht
dumpf von Grün

Lilien saßen im Sumpf

an Baumstümpfen
moderten Pilze

Libellen schillerten Verderben

im Wind bog sich
und ächzte das Schilf

IV

In den Feldern
summte die Stille

die Muhme lauerte im Korn

zwei Schritte vom Weg
zertretene Halme

oh Blume blau

aufseufzte der Wind
Schreck fuhr in die Ähren

meine Füße jagten
dem keuchenden Atem nach

die Muhme lachte im Korn

V

Ein Wegkreuz
stand vor endlosen Feldern
weithin sichtbar

die Chaussee lag verlassen

Pappeln
setzten in die Ebene Zeichen
wieder und wieder gelesen

Weiden wiesen den Lauf des Baches

inmitten von Obstbäumen
die auf Krücken gingen
lag ein Gehöft

Laub zitterte in Fensterscheiben

holzschuhklappernd
trat die Bäuerin vor das Tor
wischte sich den Schweiß
von der Stirn

Mord bellte der Hund

kommt in die Stube
sagte sie
da ist es kühl

die Luft schmeckte nach Milch

in der Stube
schwarzes Fliegengebrumm

an der Wand
das heilige Herz Jesu
rot wie Brause
Himbeergeschmack

Weißbrot duftete süße Rast

VI

Mein Wald war licht
von Birken
von Buchen weit

Kiefern stützten den Himmel

im Hohlweg
wurzelten Eichen

glatt und rau
lagen die Eicheln
in der Hand

Sand verwischte die Wege

im Heidekraut
versteckte sich
mein Alltagsherz

ich vergaß es ganz

die Phantasien
meine bunten Schwestern
flüsterten im Farn

Großmutter
sprach vor sich hin

VII

Rast
an der Mühle
am grünen Weiher

wo im Wasser
der Weiden Laub
zerrann

im Ried moderte ein Kahn

der Sommer
brütete
über den Wäldern

sein Atem Glut

nur am Mühlbach
eine Schlucht
von Kühle

alle Rufe fielen
ins brodelnde Wasser

komm Kind
komm

VIII

Mittag
lähmte unsere Schritte

es zog
und zog sich
der Weg

schattenlos

Ziegelmauern
hielten das Dorf
gefangen

verwarfen die Welt

Häuser dösten
in dumpfer Schwermut

aneinandergelehnt

irgendwo
sang eine Säge
ein Sommerlied

Ferne lag vor jedem Laut

IX

Blaue Blumen
des Feldes
Margeriten
im weißen Kleid

kostbarer nun
da meine Füße
unter dem Asphalt
die Erde nicht mehr wissen

hinter der Verstrickung
der Straßen
liegt unverwundetes Land
von Mauern frei

Im Haus meiner Mutter

I

Im Haus ihrer Geschichten
saß meine Mutter
und spielte
mit Worten

dort hielt sie Hof

ihre Stimme schrieb
in unser Staunen
Anekdoten

wir wohnten darin

immer noch
augenzwinkernd
wirft sie uns
Stichwörter zu

wir fangen sie auf

jonglieren
lachend
mit Dichtung
und Wahrheit

II

Allein
im Raum der Nacht
vergaß meine Mutter
den Schlaf

die späten Stunden
waren ihr Versteck

die Stille ihr Zelt

sie sprach
mit den Schatten

mit dem Schein
der Lampe

glättete
mit Kreuzstich
den Zank des Tages

und immer wieder
las sie ihr Leben
im Buch der Zweifel

III

Das Leben ist nicht so
wie man es gern hätte
sagte meine Mutter
aber man muss
das Beste draus machen

und sie stieg
aufs Rad
und fuhr ihrem
Haushalt davon

IV

Auf Traumwegen
gehe ich
mit meiner Mutter
über Land

Seite an Seite

wir flüstern
alte Zauberformeln

ihr Tod
hat unsere Schritte
nicht versöhnt

ihre ruhigen
meine schnellen

Kind
sagt sie
du trabst
immer noch
wie ein Pferdchen

Ein Tropfen Zeit

Ein Tropfen Zeit

Licht sickert
in die Ritzen
des Schlafs

die Amsel singt
den neuen Tag

ihr Lied säumt
jubelnd
das Erwachen

am Fenster welkt
das Grau der Frühe

hell
fällt ins Zwielicht
ein Tropfen Zeit

Am Morgen

Am Morgen
dem jubelnden
hellerblühten

verbrenne ich
meine Kleider
unter den Kiefern
am Waldesrand

meine Jahre
meine Worte

verbrenne ich
unter den Kiefern
den schwarzen Kiefern
am Waldesrand

der Kuckuck lockt
ich hörte ihn lange
nicht so nah

und der hochmütige Fingerhut
im gefächerten Farn
träufelt Gift
in meine Adern
purpursüßes Sonnengift

Abendglocken

Immer weht der Wind
von Westen

heult seine Klage
über Rübenfelder

hängt Fetzen
von Violett und Gelb
in die Äste der Eichen

aus dem Dorf
bringt er
den Klang der Stunden

lass uns den Pfad
durch die Wiesen nehmen

es ist spät

die Mutter wird fragen
habt ihr die Glocken
nicht gehört

Sommerabend

Dächer mischen
in das späte Licht
einen Ton von Rost

ein schmales Band
trennt Tag und Nacht

im Verklingen noch
schmerzt der Sommertag

an seinen Rändern rote Narben

die eiligen Wasser der Isar
werfen einen silbernen Ton
ans dunkelnde Ufer

ein Zwinkern
ein Winken
ein Lächeln

auf den Wellen hüpft
eine Flaschenpost

Kinderstimmen
beschwören ihren Lauf
schwimm zum Meer
schnell
schnell zum Meer

leise
verdämmern die Straßen

Schlaflose Nacht

Im hohen Fenster
steht die Nacht

unbewegt
wie der Zypressen Schattenriss

Sichel des Mondes
gefangen im Piniengeäst
sammelt Herden von Wolken

Schattengetier

über dem Park
schwillt die Klage des Windes
erstirbt in dunklen Gründen

im Dickicht
im Bambusgehölz

wimmernd kündet
vom Kloster das Glöckchen
den Schritt der Stunden

verlorener Trost

Nacht
die nicht endet

Tauwetter

In der Nacht
zerschlägt der Wind
süße Traumgesichte

vergebens
suche ich
sie zu bewahren

Unrast
weht ins Fenster

Erdgeruch

Klänge
wie von Gewässern her
schwimmen silbern
im Schwarz

mag sein
in den Wiesen
taut endlich der Schnee

Aschermittwoch

Blass
hängt der Morgen
im kahlen Baumgeäst

vom Lärm der Farben blieb
nur ein Rest von Pastell

Konfetti
auf Pflastersteinen

über den Kirchplatz
schwankt ein Domino

schwarzweißkariert

er bläst auf seiner Flöte
eine wehmütige Melodie

vor der Kirche
vergleichen Kinder
ihre Aschenkreuze

Hochsommer

Mittag entzündet
die Straßen am Hang

bergan
laufen Mauern
dem Himmel entgegen

Sonne schläft
in hohen Bäumen

von fernher
tropft
in die Stille
Klaviermusik

weckt
ein Sehnen

unbestimmt

ein Verlangen nur
in des Sommers Überschwang
das eigene Bild
zu fügen

bis der Abend
in das zerfließende Licht
seine Zeichen schreibt
taumeln die Stunden
trunken
zwischen Verwirrung und Wunsch

Indian Summer

In den Wäldern
verbrennt der Sommer

der Himmel
stürzt in blaue Tiefen

Ahorn verglimmt im Birkengelb
im Rost der Eichen

aus purpurnen Schatten
wachsen die Hügel
wie endlose Blumengärten

sonnentrunkene Tage
weichen den Frösten der Nacht

jeder Morgen findet
flammender die Wälder

stiller mein Herz

Herbstlich noch

Herbstlich noch
die Wälder
im Klang von Gold und Ocker

im roten Schrei des Ahorns

doch die blutigen
Schritte der Sonne
tauchen den Abend
in Winterlicht

und die Straße
ins Endlose verloren
rührt an eisige Himmel

Oktober

Winter
schreien die Krähen
am Morgen

Nebel im Schnabel

in die weiße Frühe
zeichnen sie
schwarz ihr Gefieder
schwarz ihr Gekrächz

doch im Mittag
reifen die Farben
zu Rost und Rot

durch Blattwerk
regnet Licht

aus stachliger Hülle
brechen Kastanien

träumerisch
hängt der Nachmittag
an der müden Sonne

die Luft
schmeckt nach Rauch

auf der Straße
spielen Schritte
mit trockenem Laub

früh kommt der Abend

über leere Felder
hallen die Schreie der Züge

tragen Ferne
in die Dörfer

lang klingen sie nach

der Wind wühlt
in Bäumen und Herzen

November

Schwarze Landschaft
des Windes

Spuren von Gold und Safran
im nassen Gesträuch

rostige Eichen
streuen Blätter ins Gras

überall
der späten Astern Friedhofgeruch

über der Dorfstraße
schwankt am Abend
die Lampe im Wind

im Hof schluchzt der Regen

die Mutter zündet
das Licht am Tor

Verschneiter Garten

Der Abend sinkt
in das Schweigen
des Schnees

verlassen
liegt der Garten

Schattenreich

Schnee dunkelt
auf den Wegen
im Brombeergesträuch

Stimmen vom Haus
streifen den frostigen Rand
der Nacht

Winterkleid

Ich hülle mich
in mein Winterkleid
schmücke mit Raureif
mein Haar

trete aus der Hut des Waldes
aufs nackte Feld

Schwärze trinke ich
und sternenlose Nacht

rufe laut
mir Lichter herbei
den Schein von Feuern

doch meiner Worte Eiskristalle
zerklirren im Wind

Winterwanderung

Schnee verwischt
alle Konturen unserer Herzen

dämpft unsere Stimmen
unsere Schritte

die Luft ist schwer von Worten
die unsere Lippen
sich weigern
preiszugeben

schwarze Zweige schreiben
an den Himmel filigrane Zeichen

unentzifferbar
wie unser Schweigen

lautlos
sinkt die rote Sonne
in den Schnee

Über dem See der Mond

Besuch bei einer Jugendfreundin

I

In deinem Zimmer
liege ich schlaflos
die lange Nacht

karges Licht
betastet die Wände
auf denen die Bilder
wie Schatten sind
und doch erkennbar
und vertraut

wenige Tage nur
beschwingte
hellgestimmte
gehören uns allein

lachend
spielen wir das Spiel
weißt du noch

doch die Nächte
wiegen schwer

eine Turmuhr
setzt ins Ungenaue
die Stunden hart und klar

erst wenn der Morgen
deinem Zimmer
leise Konturen gibt
kommt endlich der Schlaf

II

Immer wieder
rufen die leblosen Dinge
Erinnerungen in unsere Augen

auf Bücherrücken
finden wir die Wegmarken
gemeinsamer Heimat

wenn sich unsere Blicke
im Spiegel treffen
sehen wir
dass nur unsere Träume
den Jahren trotzten

in deiner Küche noch immer
der leise Geruch nach Gas
und Äpfeln

die getrocknete Rose am Fenster
spricht von der fernen Nacht
die wir verschweigen

ihre Gesichter sind verblasst

doch ich sehe noch
die tiefen Schatten
unter den Bäumen
und über dem See den Mond

III

Ich finde den Weg
zu der alten Treppe nicht mehr

schmerzliche Suche

früher einmal
kannte ich jede Straße
jeden Steig
die verborgenen Ausblicke
auf See und Berge
die Terrasse am Hang

Ort unserer Freudengesänge
unserer wilden Tänze zur Nacht

verloren
lange verloren

wie das Läuten
deines Lachens
wie mein Übermut

unverwandelt
unwandelbar nur der Berg
den die Wolken
hin und wieder freigeben
mir zum Trost

plötzlich weitet sich der Blick

unter mir im Tal
liegt die Stadt
schön wie immer

warum
kann ich nicht aufhören zu weinen

Liebesworte

I

Aus den Wogen
des Sommers
fällt ein Tag

schwer wie die Blätter
der samtenen Rose

täuscht
mit rubinroten Düften
mein Herz

die Zweige des Ahorn
schreiben Schatten ins Gras

ich lese sie wie Liebesworte

II

Eine Flamme entbrennt
in deinen Augen

entzündet den Sommertag
die Wiesen
bestirnt mit Blumen
das drängende Laub

flackert auf
im Schatten des Mondes

und vergeht

III

Tage des späten August
gelähmt
vom Schweigen des Windes

der Sommer
ist von Mauern umstellt
die dich fernhalten

die Nächte stehen blass
im Fensterkreuz

in ihren Schluchten
verhallt der Klang
deines Namens

doch der mutige Morgen
spiegelt schwärmerisch dein Bild

IV

Mein Herz verzagt
vor der Macht der Worte
in deinem Blick

ich wollte nur spielen
leicht dich berühren

flüchtig
wie die Flügel des Sommers
der vor meinem Fenster
stirbt

doch dein Blick
weiß nichts
von heiterem Spiel

in deinen Augen
wandelt mein Bild sich
zu Feuer

Liebe träumten wir

I

Am See
der Blau und Grün
und Wolken
spiegelte

sahen wir
im Wasser
unser Bild zerfließen

und glaubten doch
an Ewigkeit

Liebe träumten wir
und Zukunft

übermütig
machten wir
die ganze Welt
zu unserem Garten

an jenem Tag im Sommer
fern von aller Zeit

II

Nacht hielt noch mein Herz
als mit dem ersten Licht
die Rufe von den Moscheen
in unser Zimmer tropften

vereinzelt erst und fern
dann dichter flossen

aufbrandeten
zu wilden Wassern
aus denen Klage sprang
und weißer Schrei

reglos lauschte ich
den Lauten deines Morgens

solange du schliefst
gehörten sie mir

doch ich konnte
sie nicht deuten
wusste nicht
ob sie Willkommen
oder Abschied sprachen

erst als du erwachtest
ertranken meine Zweifel
in den Seen deiner Augen

III

Häuser und Straßen
nur Bilder
äußerlich

ihr Wesen verborgen

ein Winken
ein Flüstern
ein Vorübergehen

deine Worte konnten mir
Laute und Zeichen nicht deuten

die Stadt spielte Versteck mit mir

führte mich durch Basare
brüstete mit Moscheen sich
breitete aus Jahrtausende

zeigte auf ein bettelndes Kind
mit dem Gesicht eines alten Mannes

in einem verwilderten Garten
sprach der späte Nachmittag
vertraute Worte

Blume
Baum
Vergänglichkeit

IV

Am Abend
wehte der Atem der Pinien
in unser Fenster

das Meer kam näher

seine Wildheit
floss in unser Blut

Welle um Welle

seine Stimme
wiegte unser Schweigen

sang Wiederkehr

der Mond hängte Träume
ins Geäst der Nacht

sie verblassten
als der Morgen kam

V

Wind und Sand
meißelten Burgen
ins weiche Gestein
das sich Feen
zur Heimat erkoren

selbst am lichten Tag
hörten wir ihre Stimmen

singend streiften sie
durch den steinernen Wald

ihr Lachen klirrte von den Zinnen

unbarmherzige Sonnen
ließen Blumen aus Erz
in meinem Herzen wachsen

deine Hand lag fremd in meiner

VI

Im Schoß der Erde
erbauten sie sich eine Stadt
der Verfolgung zu entgehen

auf den Stufen
noch eine Ahnung
von Himmeln
blau und weit
wie unsere Liebe

doch fremd schon
und kaum geduldet

im Dunkeln
erkannten unsere Körper
den Kerker des Hasses

und unser Atem erschrak

VII

Als ich deinen Brief
in den Händen hielt
ahnte ich schon
seine dunkle Botschaft

seit Tagen saß sie
in meinem Herzen
wie ein Dorn

vor mein Fenster
trat der Abend

seine Worte
versuchte ich zu lesen

sie waren unverändert

das letzte Rot
schwand hinter den Dächern
die Lichter flammten auf
die Leuchtreklamen

im Fenster gegenüber
brannte die Lampe
mit stetem Schein

alles war wie immer

doch dich
würde ich nicht wiedersehen

Warten

Mein Warten
so schwer
so süß
fließt in die Dunkelheiten
die nach meinem Zimmer
greifen

still hält die Zeit
rührt sich kaum

bis mein Warten
silbern zerspringt
beim Klang deiner Schritte

Auf dem Weg

Taunasse Gräser
streifen
meine nackten Beine

geschwind wie dein Atem

der Wind spielt
Luftballon
mit meinem Rock

übermütig wie deine Hände

immer bin ich
auf dem Weg
zu dir

Zu eng

Du hältst mich fest
als wollte ich fliehen

die Luft wird dünn
zwischen uns

mein Atem verzagt

die Straße
vor meinem Fenster
läuft dem Horizont
entgegen

übermütig
singt sie ein Lied

manchmal singe ich mit

Großstadtgehege

Straßenbahnfahrt

Meine Wege
sicher geknüpft
in das Netz von Bussen
und Bahnen

lese ich
Tag für Tag
im Vorbeifahren
meine Stadt

ihre Türme
Giebel
Häuserfassaden

das Pflaster
beschrieben mit
Schritten

mit Schreien

Wirtshausschilder
Werbetafeln

vernarbtes Mauerwerk

den Himmel
in Fensterscheiben

die Brücken
weitgespannt
über den Strom

Graffitis im U-Bahnschacht

den Fernsehturm
und die Spitzen
des Doms

Vorortstraßen
der Alleen Schattenspiel

Friedhöfe und Parks
umstellt von Häusern

Großstadtgehege

Domplatz

Kinder schweben
weite Kreise
verlieren sich
an Sprung und Schrei
schreiben Wagemut
ins Jammern einer Geige

aus bunten Kreiden
lächelt Mona Lisa bang

Engel mit durchbohrten Brauen
durchbohrten Herzen
lehnen grüne
violette Häupter
lehnen ihren Trotz
an Römersteine
leben Traum und Rausch

am Brunnen Kindergezwitscher

Kahlköpfe stampfen
über den Platz
mit stiefelbeschwertem Mut
Worte treiben vorüber
Schaum
der auf schmutzigem Wasser
sich bläht und zerfließt

Stimmen fallen dichter

über allem der Dom
der gewaltige Dom

er lockt die Schritte
fängt die Blicke
und wirft sie himmelwärts

sie hängen
an Bogen und Pfeilern
bis die Türme sich neigen

Dom am Abend

Am Abend
lächelt der Dom entrückt

ein Fabelwesen
entstiegen
gläsernen Himmeln

wahr ist die Stadt
der Strom

der Dom nur Spiegelung

Streben und Pfeiler
dem Wind verwandt
den Sternen

in Portalen
tief wie Brunnen
fließen Schatten

über das Gesims
huscht fahler Schein

Türme schwimmen
dem Mond entgegen

geisterleicht

Köln Hauptbahnhof

Gleise greifen
nach der Stadt
hundertfach

Häuser treten heran

in den Fenstern
Scherenschnitte fremden Lebens
für Augenblicke
zum Greifen nah

schon hallen
blechern
die Zauberworte der Ankunft

Köln Hauptbahnhof
hier Köln Hauptbahnhof

auf dem Bahnsteig
vielstimmiges Palaver
Babylon

in großen Lettern
brüsten sich 4711
und die Klosterfrau

Gedränge zum Ausgang hin

dann
hinter Glas
der schwarze Dom

Abend in der Südstadt

Erloschen das letzte Licht
hinter den Häusern am Ring

erloschen der Wind
und deine Schritte

die sechzehn fährt
in die Dämmerung

unter den Platanen
am Chlodwigplatz
hängt der Duft von Kebab

Straßencafés spielen Süden

ein Hunne steigt aus dem Bus
pelzverbrämt
mitten im August

beim Früh klirren die Gläser

unter dem Severinstor
tastet ein Akkordeon
nach der blauen Donau
und verstummt

ein Betrunkener droht dem Mond

der Abend trägt ein Flickenkleid
Allerleirau
und eine Krone aus Leuchtreklamen
Sternenstaub

die Nacht kommt
mit torkelnden Schritten

St. Severin

Mittag schläft
im Schatten des Turmes

in hohe Fenster geistert Licht

Sonne lässt
im schönen Glas
Farben klingen

die Kapelle
für die Gefallenen
liegt verlassen

Maria wiegt ihren toten Sohn
auf den Knien

klagend
beschreibt ihre Hand
seinen Tod

und die Toten zweier Kriege

vierzehn achtzehn
neundreißig fünfundvierzig

Namen
in einem Buch
zu ihrer Seite

Gefallene ohne Gesicht

wer weiß noch
ihr Lachen
ihre Stimmen
ihre Schritte

wer weiß noch
Verdun und Stalingrad

vielleicht die Sonne
im schönen Glas

vielleicht eine alte Frau

Vorstadtabend

Der Abend tritt in Vorstadtstraßen
ein spätes Rot noch in der Hand

taucht Häuserreihen
grauen Block um grauen Block
in Kinoglanz

zündet in den Fenstern Feuer

Bäume schreiben Hieroglyphen
an den Himmel
Schwarz auf rotem Grund

Hunde heulen Einsamkeit

aus der Imbissbude
weht wie Klage
orientalischer Gesang

aufsteigt und fällt
das Weinen der Worte

fällt in Straßen
die Lieder nicht erwarten
noch erinnern

Kinder beim Spiel
fangen die Klänge

summend
füllen sie ihre Herzen mit Ferne
wagen verwegene Tänze

ein Streifen Rasen
schneegefleckt
ihre Bühne
ihr Wunderland
ihre Wildnis

dem blassen Mond
fliegen sie entgegen
preisen schreiend
das Glück des Sprungs

erst wenn Dunkelheit sich senkt
erkalten ihre Stimmen

ihre Schritte fallen zurück zur Erde

in endlosen Fensterreihen
suchen sie
nach dem einen
dem vertrauten Licht

Kind an der Ampel

Am Morgen
dem kaum erwachten
bestaunt ein Kind
den Himmel in einer Pfütze

Wolkentiere
Fetzen von Blau

dann wirft es den Kopf
in den Nacken
fängt die Sonne
der Ampel Gelb und Rot

plötzlich geistert ein Grün
halbes Begreifen in seine Augen
und bewegt seine Beine

doch mitten auf der Straße
schaut es verwundert sich um

hüpft dann im Kreis
und summt
eine selbsterfundene Melodie

Die Obdachlose

Verletztheit war mein Elternhaus

mich wärmt nur im Frühling
die Sonne im Park
und des Wermuts kurzlebiger Rausch

in meinen Händen
die Flasche so glatt
birgt Traum und Zorn

Fetzen von Wolken und Feuer

Mauern findet mein Herz genug
daran zu klagen

doch ich suche vergebens
nach einem Versteck für meine Wunden
nach einer Höhle für meinen Tod

Lampen in den Fenstern
hüten ihren Schein

Menschen treiben ihre Schritte vorbei

sie bleiben nur stehen
wenn rote Lichter es befehlen

sie sehen mich an
und ihre Augen erfrieren

am Morgen füllt sich der Himmel mit Blut

dann summ ich ein Lied
vom Heimweh
das ich nicht kenne

Fremd unsere Schritte

Die Verbotene Stadt

Gesichtslose Straßen
verdämmern im Staub

doch kühn schwingen sich
und makellos
die Dächer
der Verbotenen Stadt

in Ziegeln
abertausenden
brennt der Himmel
ruht die Erde

klingen Farben
Formen
Licht

Schatten schlafen
im Schweigen der Höfe

Mythen gefallener Reiche
streifen die Hallen noch

fremd unsere Schritte
auf den steinernen Stufen

Delhi

I

Stimmen vom Hof
weben in mein Erwachen
ein Geflecht von Klängen

Gemurmel
Geschwätz
Frauenlachen

über dem dunklen Fluss
der Worte
hüpft Gekicher

silberhell

in der Gasse
kommt ein Singen
immer näher

schwillt auf und ab
erstirbt
erwacht
jubelt und jammert
in stetigem Wechsel

der Scherenschleifer
empfiehlt seine Dienste

durch die Vorhänge
fällt weiß
der Morgen

in seinem Licht
brennt schon der Tag

II

Gegen die Mauern
die den Hof
umstellen
wogt der Lärm
des Viertels

tausendstimmig

prallt ab
fällt zurück in die Gasse

zerschellt

ich lausche
im Schutz der Mauern
hingegeben
an den Augenblick

wunschlos

mein Atem gewirkt
in das Gewebe
von Stimmen und Lauten

mein Schatten eingefügt
in die Schatten des Hofes

fremd der Ort
fremd die Stunde

fremd die Worte
die mein Ohr treffen

doch ewig
möchte ich so sitzen
und zusehen
wie die Zeit zerfließt

III

Kalt erwacht der Tag

vor ärmlichen Mauern
kauert der Schuhputzer

gefangen im Dunst

mutlos
stolpern seine Blicke
über nackte Füße
Sandalen
Gummilatschen

entdecken dann
im trüben Licht
Schuhwerk besserer Art

blitzschnell
laufen seine Augen
in die Höhe

seine Stimme
jubelt auf

Sir
singt er
Sir
your shoes are very dirty

IV

Die Sonne entfacht
in der Gosse
ein Glitzern

plötzlich ist ein Anfang
ein Erwachen

der Straßenkehrer
bückt sich
nimmt etwas auf
betrachtet es

dann
mit müder Hand
gibt er es zurück
an die Straße

sein sind ihre Schätze
und ihre Täuschungen

von Tag zu Tag
sterben
seine Hoffnungen
viele Tode

V

Im Dämmerlicht
seines Ladens
liebäugelt der Stoffhändler
mit dem Schlaf

regungslos

doch nähert sich
eine Schöne
den seidenen Fallen
die er ausgelegt
erwachen seine Augen

sein Mund verschwimmt
in einem Lächeln

Verführung
säuseln seine Lippen
flattern seine Hände

und im Singsang
seiner Stimme
blühen seine Stoffe auf
zu Wünschen

VI

Unter dem Dach
des staubgrauen Baumes
ein Heer von Tonfiguren

Stelldichein der Götter

unheiliger Ort
taub vom Geheul der Straße

in das Chaos
von Scootern
Fahrradrikschas
Ochsenkarren
Kutschen
tritt eine Frau
in rotem Sari

durchschreitet den Tumult

tiefklingendes Rot Indiens
das den Verkehr übertönt

die Sonne
und den Staub

unbesiegbar
wie die Götter

VII

Im Dickicht
namenloser Gassen
weist mir der Baum
beladen mit Krähen
den Weg

der Tag atmet auf

vergessen
die Bilder der Stadt
die mich müde gebrannt haben

lauter
als die wütende Sonne
schreien die Krähen

doch sie krächzen Erlösung

ich spüre schon
die Kühle des Wassers
aus der Pumpe
im Hof

ein paar Schritte noch

VIII

Die Nacht
spult die Bilder des Tages
in mein Wachen
in meinen Schlaf

den Tempel
vor dem die Bettler
aufgereiht stehen

weiß von Staub

das Ufer
wo man die Toten verbrennt

die Frau
die am Rand der Straße
Steine zerkleinert

in nie endender Mühsal
den Tag zerschlägt

Stein um Stein

auch die Gärten
des Roten Forts

umfriedete Stille
nahe dem Schlaf

doch dann
laut lärmend
bricht durch die Tore
Old Delhis Jahrmarktgetöse

Narren
Bettler
Heilige

Jammer und Glanz

Klagerufe
Lobgesänge
Wutgeschrei

und geschwind
flieht der Schlaf

oh hätte ich einen Schlüssel
um den Tag
hinter mir abzuschließen

Schwester

Gib mir deine Hand
Schwester

hörst du den Wind
wie er mit dem Bambus spricht

so spreche ich mit dir

meine Worte nur Laute
du verstehst sie
wie du den Wind verstehst
im Bambushain

gib mir dein Hand
Schwester

siehst du die Vögel
wie sie sich im Bambus wiegen

so wiegst du mein Herz

deine Gebärden nur Schatten
sie trösten mich
wie mich die Vögel trösten
im Bambushain

Straßenkinder

Kinder
geschmiegt
an die Nacht

getrieben durch
lauernde Tage

Schwingen des Todes
streifen zerfetzte Träume
billigen Rausch

aus dem Asphalt
brechen die Stunden
wie Dornenkränze
aus Angst und Blut

alle Nähe scheu
sofort verloren

alles Hoffen dumpf
sofort vergessen

alle Gnade unerwartet
sofort verwirkt

finsterer Engel Hass
tritt tröstend
aus Häuserschatten

Fez

In das Muster meiner Träume
weben sich die Rufe
von den Moscheen

goldene Arabesken
auf blauem Grund

im kargen Licht
brechen Blüten
aus den Knospen der Nacht

gewaltige Gesänge

über das Labyrinth der Medina
die Verstrickung der Gassen
werfen tausend Stimmen
einen neuen Tag

Gott ist groß

Ellis Island

Kaltschäumende Wasser
brechen aus zähem Grau

rücken die Türme
aus Stein und Stahl
an unerreichbare Ufer

verheißenes Land

ferner hier
als auf dem wütenden Meer

und unwirklicher
als in den wagemutigen Träumen
von einer Erde
unter freien Himmeln

Manhattan

Fassaden spiegeln sich kühn
in gläsernen Fassaden

Herzen greifen kühn
nach gläsernen Herzen

von Treppen
die lautlos in marmornes Schweigen gleiten
fängt der Blick im Talmiglanz
lockender Bilder Blendung

höher noch
und hell klingt Licht

weiße Wolken schwimmen im Blau
das geheimnisvoll
aus schwarzen Tiefen bricht

am Abend stirbt purpurn
die Sonne im Glas

New Orleans

In den Straßen
schwebt die Klage
des Saxophons

der Wind atmet Armut

noch immer ist
ihre Farbe schwarz

immergrüne Eichen
spielen mit ihren Schatten
auf dem Asphalt

Häuser singen den Blues

wenig weiß hier
der träge Strom
von Wildnis
und Abenteuern

Toronto

Die Kälte ewig währender Winter
klingt bis in die City

Kunde von eisigen Weiten
unbesiedeltem Land
trägt der Wind
in seinen Fängen

nachts bläst er auf seiner Flöte
trauervolle Lieder

der See spiegelt stählerne Himmel
Kronen aus kaltem Schaum
brechen aus seiner Haut

versuche ich zu sprechen
im Angesicht glitzernder Fassaden
lösen sich von meinen Lippen
nur Laute der Einsamkeit

doch in manchen Straßen
spielen Eichhörnchen Fangen

Siena

Ein Rund
das alle Schritte
in eine lichte Mitte lockt

wo im Anblick
des himmelweisenden Turmes
Menschen staunend stehen

auf die Steine Schatten schreiben

wo die Sonne jubilierend
in Karmin und Ocker singt
in Umbra summt

dann in blauen
violetten Schatten
leise verklingt

Bergdorf auf Korsika

Fernab
liegt das Dorf

Macchia kriecht
bis in sein Herz

seine Häuser
lehnen
an Himmel und Fels

karge Festungen
von alten Frauen
bewacht

auf dem Dorfplatz
ein Brunnen

süß
fließt das Wasser
aus dem Stein

die Straße
windet sich
von Stille zu Stille

läuft der Kirche
entgegen
und davon

stürzt sich
ins Tal

in Kastanienwälder

Andalusisches Dorf

Vor den Leibern der Berge
schweigen Mauern
weiß und karg

Flamencoklänge gaukeln
maurische Gärten
in verlassene Gassen

silberblättriges Getuschel
im Olivenhain
von Liebe
von Schuld

war eine Zeit
da seufzten die Mauern
da weinten die Berge Blut

Samos

Im Gekraus der Wellen
vielfach gebrochen
der Ölbäume Silber

verzerrt wie die Tage
die vollkommen
aus dem Meer steigen
und in der Sonne zerklirren

die Launen des Windes
brechen aus den Pinien
schwarze Zweige
bitteren Duft

Bilder von Tempeln
von Palästen
tragen
die trägen Stunden dir zu

sie entgleiten
dem Herzen wieder
wenn der Wind
in die Stille fällt

Kirche auf Samos

In dunklen Ikonen
wohnt meine Seele

klagende Gesänge
nähren ihre Trauer

vor den gleißenden Himmeln
des Südens
floh sie verstört

Laute der Angst
sind in meiner Kehle
gefangen

ein Schwarm flatternder Vögel

meine Augen gleichen
schwarzflammenden Zypressen

unstet
wie die Augen
der alten Frau
die am Bild der Jungfrau
Kerzen entzündet
in einem Meer von Furcht

Flammen züngeln
aus Finsternissen

und zerrinnen
auf der Ikone silbernem Grund

Down Under

I

Die Nacht ist eine Ebene

Sterne
regnen auf sie herab

Eisenbahnschienen
schneiden sie
in zwei Hälften

rechts hängt der Mond

voranstürmend
wirft der Zug
das Buschland hinter sich

abgetan

endlich
in der Finsternis
Nester von Licht

Albury Station

der Zug schreit auf
Rufe flattern
der Ankunft entgegen

verhallen

auf dem Bahnsteig
Nachtgestalten

unbewegt

ein Dach
auf dünnen Beinen
verstellt den Himmel

löscht die Gestirne

Gleise
strecken sich
dem Nichts entgegen

erwartungsvoll

II

Wellblechdächer gleißen
vor Himmeln
aus blauem Glas

nur Schatten bewohnen
die Straßen

jeder Schritt klingt fremd

die Häuser sehen aus
wie versehentlich abgestellt
und vergessen

Filmkulissen

unter dem Vordach
des Pubs
dösen Aborigines

von Rausch zu Rausch
wandern sie
durch ihre Traumzeit

Walkabout

seit Jahrtausenden
beschreiben ihre Schritte
den Kontinent

in seiner Gegenwart
sind sie Fremde

Opfer von Armut
und Folklore

III

Die Straße
läuft dem Horizont entgegen
stetig steigend

und bricht ab

an ihrem Ende
steht unverhüllt
die Öde des Landes

bedrohlich und verlockend

Häuser und Läden
beschwören
urbanes Leben

Werbetafeln preisen Alltagsglück

doch die Straße
wendet sich ab

duldet als ihr zugehörig
nur die Masten der Oberleitung
die ins Leere greifen

fernesüchtig

der Anblick
nagelt meine Augen
an den Himmel

meine Füße
auf die Straße

bis das Geschrei
der Autohupen
in meine Beine fährt

hängen meine Blicke
an Drähten
die ins Ungefähre
weisen

IV

Maßlos der Himmel
über der Ebene

tiefblaues Zelt
durchlöchert von Sternen

die Straße
ist aus der Wildnis
geschnitten

schnurgerade

nichts hält sie auf
nichts verleitet sie zu Umwegen

am Horizont
ein Streifen Helligkeit
der dem Himmel
Grenzen setzt
die Finsternis befriedet

dort liegt die Stadt

Raum
von Menschen gezähmt

tröstliche Landschaft
künstlichen Lichts

wo die Sterne
zu Punkten verblassen

Das Schiff läuft aus

Dreh dich um und geh
die Luftschlangen zerreißen schon
die du hältst
die ich halte

das Schiff wirft dumpfe Schreie ins Meer
und die Klänge von Waltzing Matilda

der Wind atmet auf
seufzend stürzt er in meine Tränen
reißt die Musik in Fetzen

You'll come a-waltzing Matilda with me

dreh dich um und geh
Kälte kriecht in mein Herz

wenn der Morgen kommt
mit meergrünen Augen
ist unsere Umarmung schon fern

dann lacht der Vogel in deinem Garten
dann fliegt mein Schiff dem Abschied davon

Im Geklirr der Farben

Van Gogh
Kornfeld mit Krähen

Im Geklirr der Farben
zerspringt der Sommertag

gelbzüngelndes Aufbegehren

Stimmen flattern
am Rand der Stille
unentwirrbar

schwarze Vögel
werfen sich ins Blau
kreischend fallen sie ein
in den Gesang der Sonne

Todesengel
Boten der Erlösung

ruhelos
geht der Sommer im Kreis
im Kreis
beladen mit roten Schreien

Wege greifen ins Leere

auftrumpfendes Gewölk spricht Angst
nur der Tod kennt Gnade

Monet
Die Kathedrale von Rouen

Auf Bogen und Pfeilern
blaut der Morgen

klingt spröde
an kaltes Gestein

tastet nach Schatten
nach Helligkeiten

und findet
in des Turmes Steigen
erste Zärtlichkeiten
von Sonnenlicht

Degas' Tänzerinnen

Als sie in meinem Zimmer
wohnten

pastellfarben
über meine Wände
trippelten

sich neigten
verbeugten
wiegten

leichtfüßig
traumtänzerisch

Wesen aus Kreide
und samtenem Strich

gaukelten sie
vor meinen Alltagsblick
Bühnenträume

Gauguin
Woher kommen wir?
Was sind wir?
Wohin gehen wir?

Blau der Seele
gewirkt in das Bild
der Schöpfung

kein Opfer bewegt
des Gottes Traumversunkenheit

Menschen tasten
nach Anfang
nach Ende
nach Ewigkeit

die Erde
nur Heimat auf Zeit

jedes Leben verlangend
zum andern geneigt

Blüten drängen zur Frucht

doch schon
dunkelt der Tag
in den Tod

in seinem Atem
erstarren die Flügel
des weißen Vogels

die Augen der alten Frau

Quellen
umspielen das Kind

Chagall
Die Hochzeit

Am Himmel
blüht der Mond

Steppenmond
duftender
flammender

trägt der Geige Weinen
und des Hahnes roten Schrei
in die Gassen

immer ist der Himmel
der Liebenden Zelt

die Nacht
streut ihnen Blumen

es lächelt alle Kreatur

der stumme Fisch
zündet die Kerzen
mit Gläserklang

des Spielmanns Lieder
zerrinnen
in den Augen
von Braut und Bräutigam

Traum in Traum

Picasso
Bildnis von Dora Maar

Ihr Gesicht ein Vogel
der ihre Seele schreit

Vögel fliegen
durch sie hindurch

Schatten
die sich an Himmeln brechen

Ernst
Une semaine de bonté

Mieder und Muschel
Fledermausflug

Wildwasser springen

eine Schöne
bewacht eine Uhr

Hähne krähen Tod

eine kopflose Jungfrau
träumt das Hissen
einer Flagge

Vogelgesichtige
rütteln
in Vollmondnächten
an Kerkergittern

die Flut tritt ins Zimmer

bringt
eine Fledermaus
die Post
ans Bett
der Nackten

dann
kommen
Drachen zu Besuch
am Sonntag
der Weißen Woche

Magritte
Das Reich der Lichter

Ein Haus
umarmt von Schatten
Bäumen
träumt die Nacht

süß und bang

Fenster
geben Rätsel auf

aus manchen
lächelt Lampenschein

eine Laterne
erzählt von der Poesie
des Lichts

flüsternd
zerrinnen im Weiher
die Worte

der taghelle Himmel
weiß nichts
vom Geheimnis
gezähmten Lichts

nichts von den Grenzen
des Wirklichen

arglos spielt er
mit Wolken und Blau

Hopper
Nighthawks

Herausgelöst
aus Dunkelheiten
ein Gehege von Licht

Widerschein
letzten Hoffens
Erinnerns

Neonlampen
kalte Sonnen der Nacht
verschmelzen
vier Menschen
zu einer Einsamkeit

Fremde
die sich nicht begegnen

stumm
an die späte Stunde gelehnt
umklammern sie
die leere Zeit

warten auf nichts

Hopper
Ausstellung in Köln

Licht
und wieder Licht

eingefangen
freigelassen

flüchtig
stetig

Licht
das Ferne braucht

Sonne tändelt
Schatten fallen falsch

Räume öffnen sich
liefern sich aus

erzählen
den Augenblick
und verschweigen ihn

Glanz
oder Abglanz

niemand
kann es benennen

C. D. Friedrich
Zwei Männer in Betrachtung des Mondes

Gelehnt an die Nacht
an Fels
und Erde
Himmel beschreibend
Gestirne

Brüder
im Sehen
im Suchen

im Sehnen
darin der Mond
sich spiegelt
und Ewigkeiten

Mondlicht weitet
den Raum der Nacht

umwirbt Baum und Stein

schreibt Wehmut
in die Erinnerung

Turner
Die blaue Rigi

Der Morgen
bewegt mit leichten Fingern
Schwärme von Blau

Blau dunkelt
auf den Flanken der Rigi

ihr Gipfel
tastet
nach Helligkeiten

kalt noch
und karg
friert der Himmel
sein Bild in den See

als schliefe die Sonne
auf seinem Grund
spült Gelb ans Licht

es zerrinnt in Umbra
Violett

ein Weiß fließt mit
zerfällt
zuckt in Blitzen auf

von den Gestaden der Nacht
lösen sich Boote

gleiten ins Wasser
morgenstill

Liebermann
Die Rasenbleiche

Grünes Gehege
der Erinnerung

sonnenverbrämte Tage

als die Frauen
mit flinken Händen
das Linnen beschworen

glätteten
zupften
begossen das Weiß

träumerisch spielten
mit Schritten und Schatten

leise bewegten die träge Zeit

Zauberinnen waren
die Frauen im Garten

sie trugen den Sommer
in ihren Schürzen

und sangen Lieder
deren wunderliche Worte
die Stunden bannten
in Laute aus Glas

Barockkirche

Die Tür schließt sich
zwischen Tag und Stille

nichts ist mehr als Kircheninneres

und Licht
das alle Farben neu erfindet
und verschwendet

heiter klingt
weißgoldner Überschwang

Altäre greifen
nach weiten Himmeln

leichten Sinnes
trinken die Augen
Unsterblichkeit

und die Seele glaubt Gott
für einen Augenschlag

Schwerelos

Nurejew

Ein Gleiten
aus dem die Schritte
katzenhaft
sich lösen

im Entstehen
schon vergehen

wiederkehren

aufjauchzend
schneller werden

in Wirbeln
den Raum verschlingen

ansetzen
zum Sprung
der das
Unbeschreibliche
beschreibt

Zeit
Ewigkeit
Vergänglichkeit

ein Sprung
vollkommener noch
als sein Gesicht

Tatarengesicht

trägt ihn an den Himmel
schwerelos

das Mögliche
kennt keine Grenzen

Fonteyn und Nurejew
tanzen Romeo und Julia

Am Ende
wenn er eine Rose
ihr reicht

nicht mehr Körper
im Strom der Musik

nur noch Gedanke

verwirft er
in einer einzigen Geste
den Tod

in der Neigung
ihres Nackens
klingt Erinnerung auf

an einen Moment
der Hingabe

die Verführung
des Pas de deux

Sterbender Schwan

In der Bewegung
ihrer Arme
die Sehnsucht
nach Vollendung

ihre Füße tasten
nach der Hoheit
des Schwans

nach seiner Seele

ihre Hände sprechen
mit dem Tod

erfinden
die Legenden
des Tanzes

Flamenco

Im Aufschrei
des Tanzes
verstummt der Gesang

Füße stampfen Aufruhr
in das Rasseln
der Gitarren

Blicke brüten Zorn

und wieder
klagend
erhebt sich der Gesang

zähmt die Gitarren
die Schritte

wie Wasser fließen
Hüften
Hände

Finger zerrinnen

Liebe
Verlockung
alles geht dahin

nur das Verhängnis bleibt

stolz
bietet die Tänzerin
ihm die Stirn

tanzt die Erde
tanzt das Feuer

Tango Argentino

Ein Mann
eine Frau
fließen ineinander
auseinander

locken und leugnen
die Liebe

umarmen
die Einsamkeit

ihre Schritte weiten
den Raum der Bühne

mit einem Ruck
verwerfen ihre Köpfe
den Augenblick

verharren
in der Erinnerung
an die Trauer
der Vorstädte

an Bars
in verlorenen Straßen

die Schritt
für Schritt
den Tango
in die Welt entließen

Béjart im Palais Garnier

Er lockt Schritte
Sprünge
Pirouetten
weg von der Musik

entzieht sie der Erwartung

befreit die Vorstellungen
vom Tanz
aus den Netzen
der Erinnerung

erspürt
und verwirft
Sentimentalitäten

verfälscht die Mythen
maskiert die Stile

erzählt Ballett
jenseits des Balletts

Wasserzeichen

Wasserzeichen

Unter der
Alltagshaut

verborgen

trage ich
Worte wie Narben

Wasserzeichen

gegen das Licht
zu lesen

schwer
zu entziffern

Die Platane

Ein geliehenes Leben
lebe ich
in Räumen ohne Raum

Computergeflimmer
ersetzt mir die Sonne
den Tag

nur manchmal
reißen sich von meinen Lippen
Worte wie Vogelschreie

der Blick wandert
über die Landschaft der Geräte
Tastaturenwälder

lustlos

noch bleibt mir
die sonnenbeschienene Platane
vor meinem Fenster

sie wurzelt wie ich
in karger Erde

doch die Tage welken
schon vor dem Abend

Friedhof im Herbst

Dort steht der Tod

umwirbt
mein Erschrecken

zeigt auf Gräber
Monumente

das Lächeln
eines Engels aus Stein

Wege
die im Laub verdämmern
der Astern Glut und Welken

und spielt
als sei er einfach zu begreifen
mit Vergänglichkeit und Wiederkehr

verführerisch
von Zuflucht redend
ruft er der Alleen
sanftes Sterben
träumerischen Blätterfall
zu seinen Zeugen

Jüdischer Friedhof

Fern
die Stimmen der Stadt
in Watte verpackt

jeder Schritt
ein Zögern

Staunen

Grabsteine
tragen fremde Zeichen
überwuchert von Vergessen

keiner
der sie deutet

Buchen beschirmen Namen
die niemand mehr nennt

von Jahr zu Jahr

Stolpersteine

Überall
in der Stadt
kleine Steine

Messingblech
auf Beton

trübe von Schmutz

zehn vor diesem Haus
vor jenem zwei
vor unserem vierzehn

vierzehn Namen
vierzehn Geburtsdaten

Tote ohne Grab

deportiert
verschollen
für tot erklärt

aus unserem Haus
verschleppt

aus Räumen
in denen wir atmen

nach Riga
Auschwitz
Buchenwald

nichts blieb zurück

nur Namen
die trinken Regen
Sonne
Staub

manchmal bleiben
Menschen stehen

Edelweißpiraten

Sturmzeichen
im Herzen

Wildheit
die nach Freiheit tastet
arglos glaubt
an Abenteuer

Wagemut setzt gegen Drill

aufsässig sein
Kamerad sein
am Anfang des Lebens sein

jubelnder Aufstand im Lied
frei sein von Hitler

bis Erschrecken
den Mut überfällt

atemlose Angst

auch Kinder
werden gehenkt

Bukowina
Für Rudy

Erinnerungen
an nie gesehene Orte

Landschaften
geschöpft aus dem Wort

im Rhythmus der Silben
für immer gefangen
Rabenschwärme
und Pappellied

für immer bewahrt
Läden und Synagogen
hölzerne Straßen

Tage dunkel von Lachen
Liedern und Seufzern

und dem Klang
erloschener Namen

einmal schwärmten
Raben über die Felder
und die Pappeln
sangen den Sommer lang

und Jahreszeiten
Tageszeiten
spielten arglos Ewigkeit

doch in den Gassen
der Wind
sprach schon
mit dem Atem der Angst

und die weiten Himmel
klangen dumpf
an schwarze Zäune

Zugfahrt

Ich fahre
durch unbekanntes Land

heimatlich nur
die Namen der Orte

verblichene Schriften
auf Bahnhofschildern

wo einst die Wiesen
in den See flossen
kriecht eine metallene Schlange

Stahl zersplittert
die Seele meiner Landschaft

meine Hügel tragen
Krusten von Beton

gläserne Fassaden
spiegeln die Reste
meines Wäldchens

und meines Herzens Haus
kauert zwischen Lagerhallen

noch immer blauen die Glyzinien
an seinen Altanen
umranken Geländer
Balustraden

gleichmütig wahrt es
das schöne Gesicht
in der Nachbarschaft
der Barbaren

Wandlungen

I

Einmal sah ich den Mond
groß und rot am Himmel

er blühte über der Ebene

wandelte die Felder
in abenteuerliches Land

so warte ich auf ein Zeichen

und wünsche
von dumpfen Tagen bedrängt
dass alle Nähe
zersplittert wie Glas

und aus den Scherben
ein neues Bild sich formt

II

Fremdheit ist die Wahrheit
meines Herzens

sie fließt in meinem Blut
wie ein Fluss
dessen Tiefe ich lange
nicht auszuloten wagte

hinter Masken
verbarg ich mein Gesicht

umgab mich mit Tand
vorgeschriebenen Bildern
zu gleichen

seit ich die Fremdheit
beim Namen nenne

unbefangen
wie einen Freund

klingt ihre Stimme
hell an mein Herz

III

Zwischen uns Fremdheit
die täglich wächst

unsere Worte werden schal

ich entferne mich
unmerklich
Schritt um Schritt

am Rand des Bildes
blicke ich zurück
auf die tote Landschaft
die wir verschweigen

sie berührt nicht das Glück
nicht die Trauer

IV

Meine Bilder lebten
von klaren Farben
fügten sich gefällig dem Blick

nun drehen sich am Himmel
schwarze Sonnen

werfen Schatten
in das lichte Blau

und schreiben
in das Gelb
trauergraue Zeichen

verwirren die Linien
verzerren die Farben

geben den Formen
seltsamen Sinn

ohne Bedauern
sehe ich Befremden
in euren Blicken

ich bin der Erklärungen müde

immer stehe ich
und lausche
wie meine Worte zerbrechen

ungehört

Schattierungen

Der Winter
trägt die Farben
meiner Seele

ein Vielerlei
verhaltener Töne

Silbergrau
Schneeweißchenweiß
Kobaltblau

und in der gefrorenen Erde
unter dem filigranen Muster
des Eises

Sepia
Siena
Ocker

Spuren von Umbra